Read and write

AF410524

A | a

Color the following shapes

B | b

banana   2   book

C

c

cat

3

carrot

Read and write

D | d

Color the following shapes

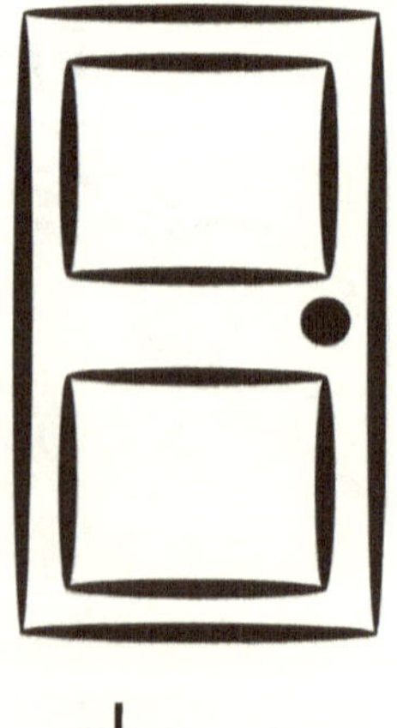

door

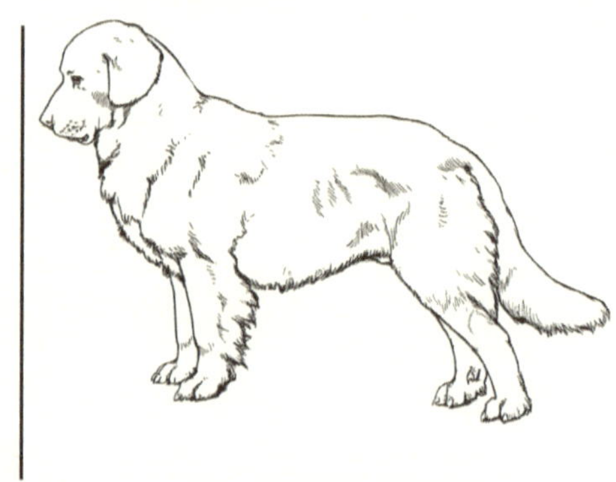

dog

E | e

egg   **5**   Elephant

Read and write

F f

Color the following shapes

fox

f ish

Read and write

G | g

Color the following shapes

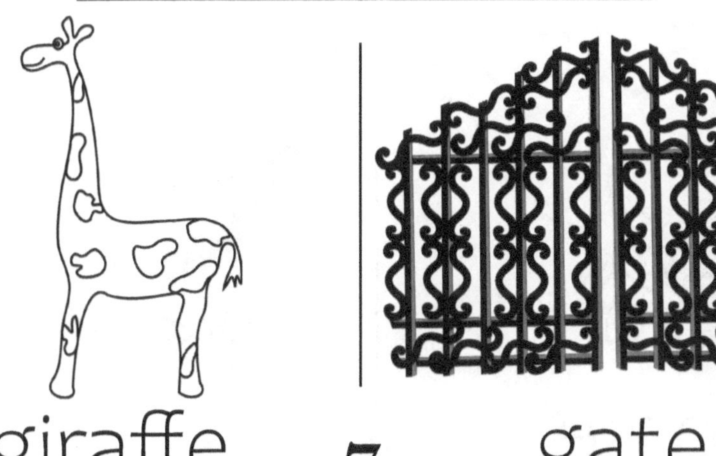

giraffe

gate

H | h

horse

hen

I   i

ice cream **9** insect

Read and write

J | j

Color the following shapes

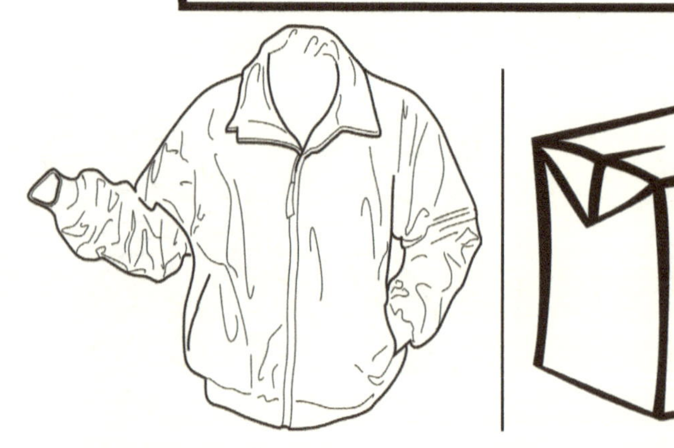

jacket

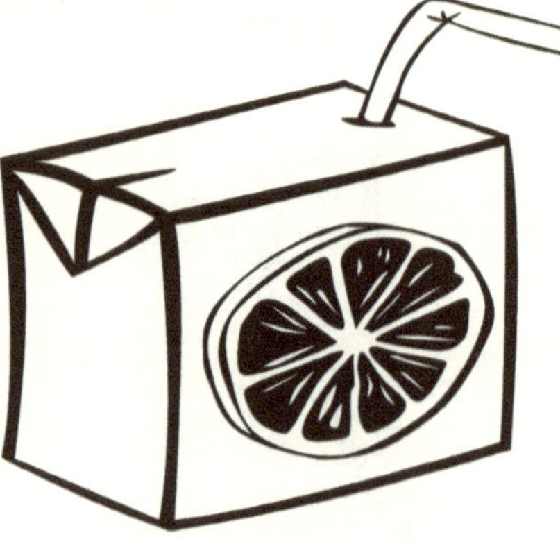

juice

Read and write

K | k

Color the following shapes

key   11   king

L l

lion

lemon

Read and write

M | m

Color the following shapes

monkey

mouse

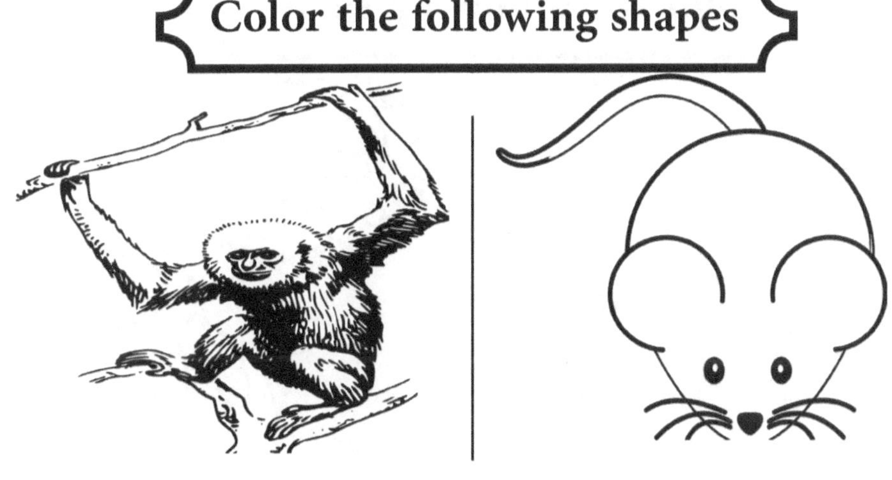

Read and write

N | n

Color the following shapes

nurse

nest

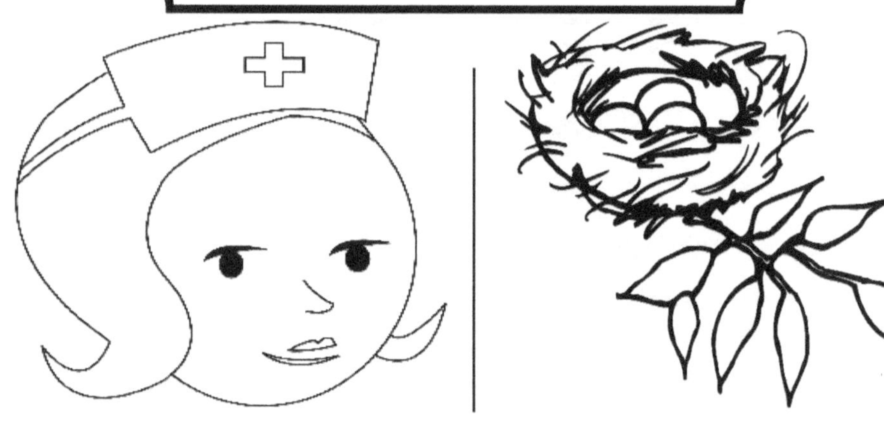

O   o

Octopus   **15**   orange

P | p

pan

16

Pencil

Q | q

quill

queen

R | r

Rabbit   18   Robot

S   s

sun   **19**   snake

T | t

Color the following shapes

teddy bear

tree

Read and write

U u

Color the following shapes

utensils

Umbrella

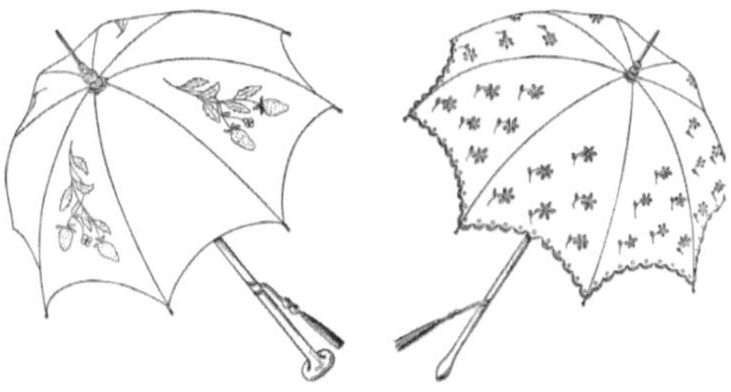

Read and write

V v

Color the following shapes

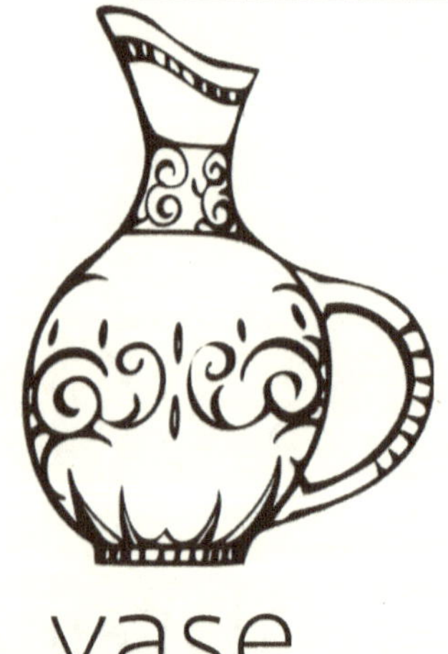

vase

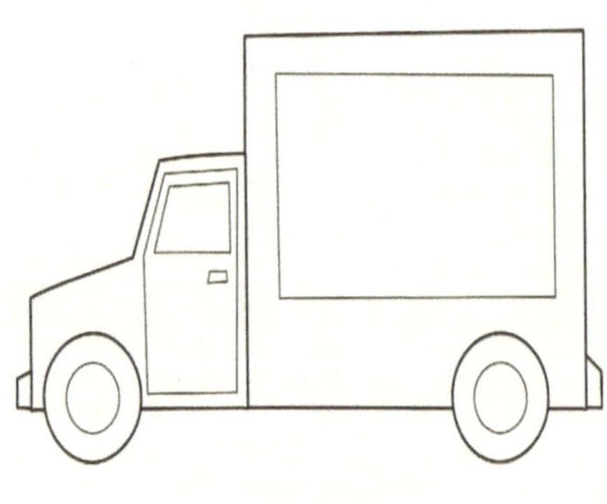

van

W   W

Web   **23**   whale

X | x

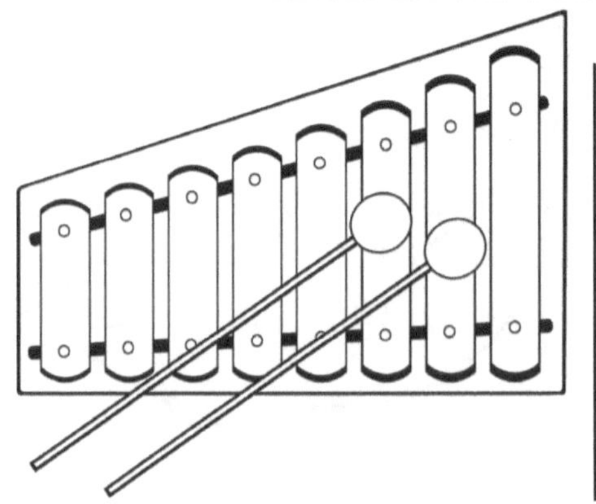

xylophone

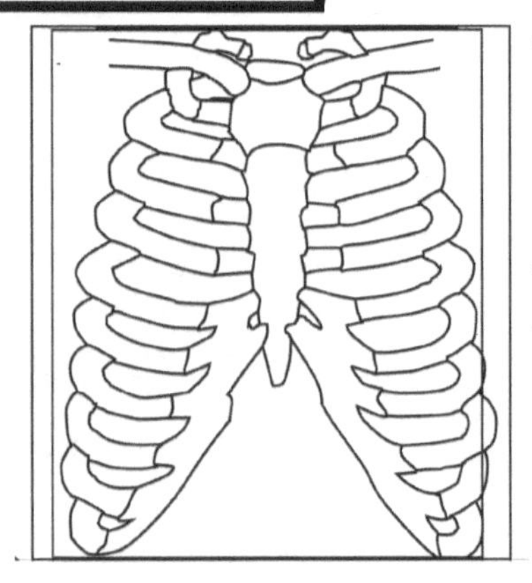

x ray

Y

y

Color the following shapes

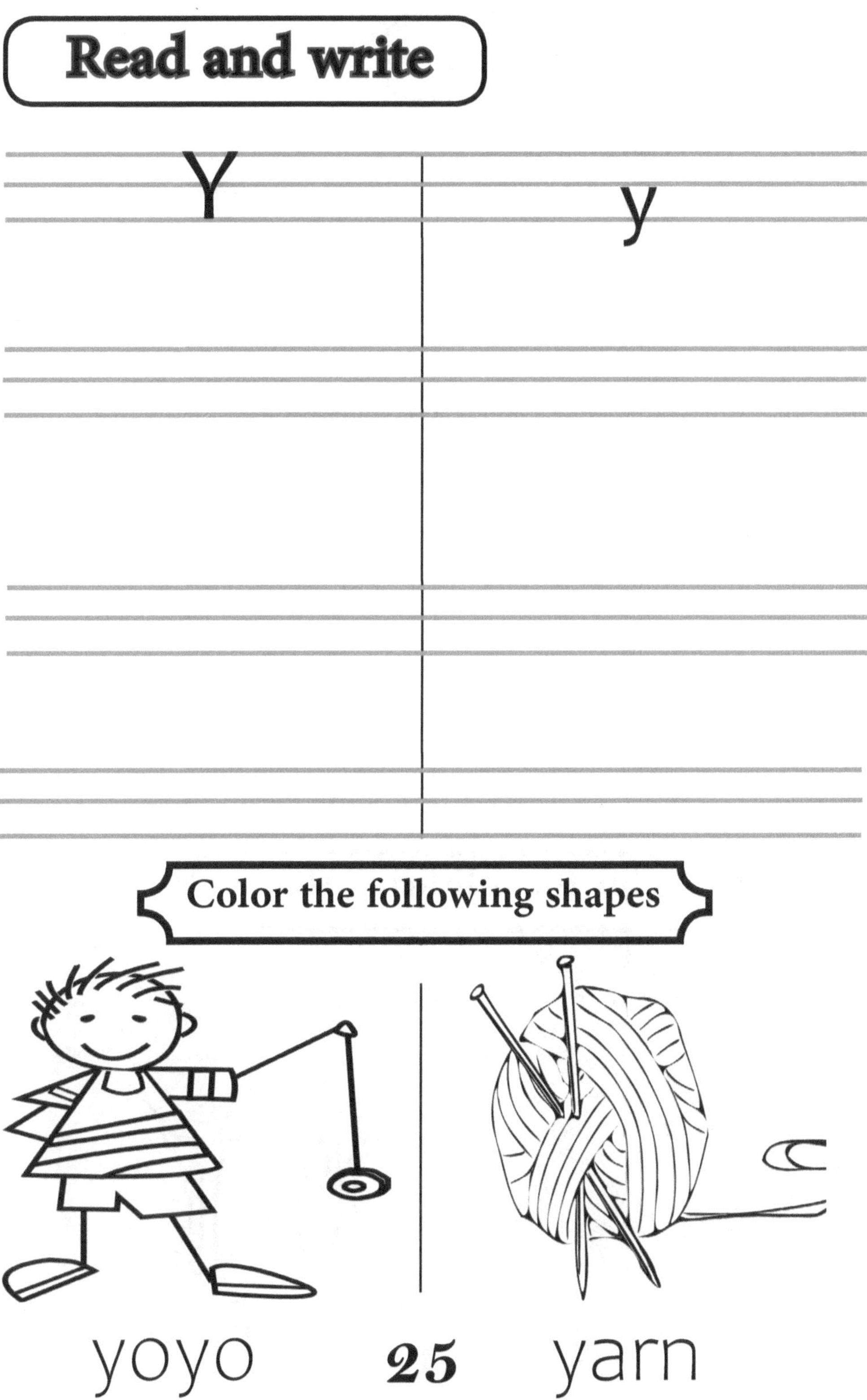

yoyo

25

yarn

Read and write

Z   z

Color the following shapes

zigzag   **26**   zebra

thank you

www.ingramcontent.com/pod-product-compliance
Lightning Source LLC
Chambersburg PA
CBHW061411160726
47995CB00002B/565